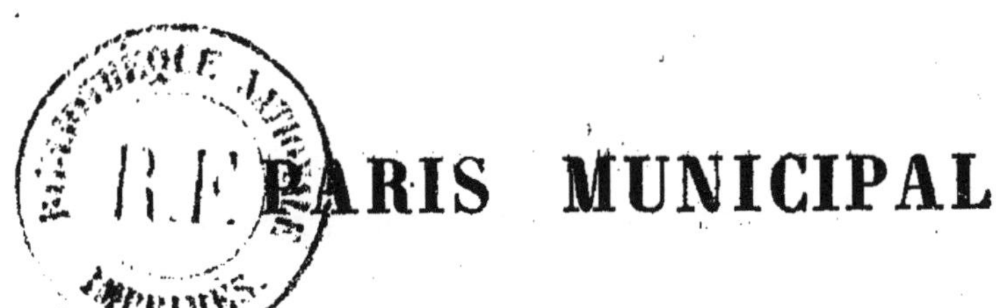

PARIS MUNICIPAL

PARIS. — ASSOCIATION GÉNÉRALE TYPOGRAPHIQUE

RODIERE ET Cie

19, rue du Faubourg-Saint-Denis — 2550.

PARIS MUNICIPAL

Annuaire Encyclopédique

DES

20 COMMUNES URBAINES

ET DES

71 COMMUNES RURALES

COMPOSANT LES **22** ARRONDISSEMENTS DU DÉPARTEMENT
DE LA SEINE

PARIS
SIÉGE SOCIAL PROVISOIRE
11, Rue Pigalle, 11.

PARIS MUNICIPAL

DEVIS DE SA FABRICATION

ET DES

PROBABILITÉS DE SON EXPLOITATION

DEVIS DE L'OPÉRATION

Nous diviserons ce Devis en quatre Chapitres.

Dans le premier, nous définirons notre œuvre, et nous indiquerons son but, son objet, son importance.

Dans le deuxième, nous établirons le prix de revient de l'ouvrage, calculé d'après divers tirages : à 1,000, à 2,000, à 4,000 exemplaires.

Dans le troisième, nous évaluerons le produit probable de l'ouvrage, au point de vue de la vente en librairie et de l'exploitation industrielle.

Dans le quatrième, nous présenterons le résumé de l'opération et la conclusion.

CHAPITRE PREMIER.

BUT, OBJET, IMPORTANCE DE L'OUVRAGE.

Les fondateurs de *Paris municipal* se proposent de publier une encyclopédie du département de la Seine.

L'ouvrage paraîtra par livraison de six feuilles in-quarto du format colombier (comme le *Magasin pittoresque*), avec cartes, plans, gravures, portraits.

Chaque feuille ayant 8 pages, la livraison en aura 48, et l'ouvrage entier 4,800.

Il formera la matière de 12 volumes de quatre cents pages, ou de 24 tomes de deux cents pages.

Un volume, servant d'introduction à l'ouvrage, contiendra l'histoire et la statistique générale de Paris et de sa banlieue.

Les onze autres volumes, comprenant 22 tomes, seront consacrés à l'histoire et à la statistique locale des 22 arrondissements composant le département de la Seine.

Chaque livraison sera divisée en fascicules et demi-fascicules séparables, de huit ou quatre pages, menant de front, pour chaque arrondissement, les grandes divisions des divers sujets qui forment l'ensemble de l'œuvre.

Si nous embrassons un instant par la pensée la masse de faits historiques, commerciaux, industriels, littéraires, artistiques, sociaux, dont l'étude viendra se ranger dans ce vaste cadre, il est aisé d'entrevoir que ces faits se divisent en deux classes : 1° ceux qui intéressent le *Tout Paris* et la zone suburbaine; 2° les faits spéciaux à chaque arrondissement.

Quant aux premiers, ils seront étudiés d'abord au point de vue de leur physionomie générale dans les deux tomes formant le volume d'introduction. Ils seront étudiés ensuite séparément dans les 22 autres tomes constituant l'ensemble de l'ouvrage.

Quant aux seconds faits, ils seront l'objet d'études monographiques trouvant naturellement leur place dans le cadre particulier à chaque arrondissement.

Sans prétendre épuiser la nomenclature de toutes les matières que *Paris municipal* offrira à ses lecteurs, nous pouvons dire, dès à présent, qu'ils trouveront dans ses colonnes une ample moisson de documents :

1º Sur l'histoire de Paris en général, tracées à grands traits pour arriver aux événements des années 1870 et 1871 ;

2º Sur la physionomie des divers arrondissements, sur leur vie, leurs mœurs, leurs ressources, leurs richesses, leurs non-valeurs morales et matérielles, leurs personnalités remarquables, leurs monuments, leurs promenades, leurs grands établissements publics et commerciaux ;

3º Sur les événements dont ils ont été particulièrement le théâtre pendant le siége des Prussiens et le règne de la Commune ;

4º Sur toutes les questions relatives à l'enseignement, aux cultes, aux arts, à l'industrie, aux administrations, sur les rapports de la préfecture de la Seine et de la préfecture de police avec l'assistance publique, avec les municipalités, avec l'Etat ; sur les fractionnements dont certaines grandes institutions administratives sont susceptibles ; questions de voirie, questions hospitalières ; police politique, sûreté générale, sociétés de secours mutuels, associations ouvrières, hygiène, théâtres, etc., etc.

L'impulsion unitaire, imprimée par le groupe qui présidera à la distribution des travaux, empêchera les redites et introduira dans l'ensemble l'ordre et la méthode indispensables à la réalisation d'une œuvre aussi complexe.

L'acquisition de l'ouvrage pourra se faire de quatre manières :

1° Par souscription à l'ouvrage entier ;

2° Par souscription à un ou plusieurs volumes ;

3° Par souscription à un ou plusieurs tomes ;

4° Par l'achat de l'ouvrage dans ses diverses parties, volumes, tomes, livraisons, fascicules ou demi-fascicules.

De cette façon, l'exploitation rentrera dans ses débours et réalisera ses bénéfices au fur et à mesure de la publication.

Grâce à un procédé de classification, dont le type est déjà arrêté dans la pensée des fondateurs de *Paris municipal*, chacune des parties qui composent l'ouvrage pourra se vendre séparément et former à la fin de la publication autant de recueils distincts, dont l'ensemble sera l'encyclopédie parisienne appelée *Paris municipal*.

———◆———

CHAPITRE II.

PRIX DE REVIENT DE L'OUVRAGE, CALCULÉ D'APRÈS UN TIRAGE A 1,000, A 2,000, A 4,000 EXEMPLAIRES.

Nous diviserons ce chapitre en trois paragraphes, et nous prendrons pour base de nos calculs la livraison :

1° prix d'un tirage de la livraison à 1,000 exemplaires ;
2° prix   id.   à 2,000   id.
3° prix   id.   à 4,000   id.

§ 1er.

*Prix général d'un tirage de la livraison à 1,000 exem-
plaires, donnant 1,100.*

COMPOSITION.

La livraison renferme 12 demi-fascicules de 4 pages, soit
ensemble des pages 48, à deux colonnes chaque, à raison de
63 lignes par colonne, et 52 n à la ligne, ce qui, calcul fait,
donne 315,496 n.

Or, le mille d'n se paye 1 franc, prix fort. La composition
typographique des nn de la livraison vaudrait donc...   315 50

TIRAGE.

Avec les étoffes, les surcharges et les passes doubles
ordinaires, il faut non pas calculer sur un tirage de
1,000 exemplaires, mais sur un tirage de 1,100.

Or, 1,100 exemplaires d'une livraison in-4° colombier, à 12 demi-fascicules de 4 pages chaque, c'est-
à-dire d'une livraison de douze demi-feuilles, soit
6 feuilles, forment un total de 6,600 feuilles à tirer, à
1,000 feuilles par rame double, soit un peu plus de
7 rames, sur lesquelles on ne paye que le tirage de 6,
à raison de 6 francs la rame, soit.................   36 »

Mais il faudrait ajouter les frais de correction d'é-
preuves, de surcharges de petits textes, de ta-
bleaux, etc., inévaluables en chiffres.............Mémoire.

Il faut ajouter encore, en raison des gravures, frais
de découpage et de mise en train, à raison de 12 francs
par feuille double une fois payés, quel que soit le
chiffre du tirage de la livraison, ci.................   36 »

A reporter..   387 50

Report...... 387 50

PAPIER.

Pour avoir de très-beau papier, il faut le payer 30 fr. la rame double. Soit 7 rames 1/2 pour 1,100 exempl...   225   »

COUVERTURE.

Le verso de la couverture devant contenir des annonces de nature diverse, nous ne comptons point les frais de son impression et de son tirage. Pourtant nous disposons pour le papier d'une somme approximative, ci..................................   26   »

BROCHAGE, ENCARTAGE.

Prix ordinaire pour 1,000 exemplaires............   40   »

EMPREINTES.

Dans l'idée des fondateurs de l'œuvre, *Paris municipal* achevé sera réédité de diverses façons : on devra donc conserver ou les clichés, ou les empreintes des 6 feuilles de chacune de ces livraisons. L'empreinte suffira, puisque par ce moyen on obtient au besoin le clichage en galvanoplastie.

L'empreinte d'une feuille in-4° colombier coûte 4 fr., les six feuilles coûteront............................   24   »

RÉDACTION.

Dans la rédaction de *Paris municipal*, on peut à l'avance, et à coup sûr, considérer qu'une partie sera non-seulement gratuite, mais même payée par les industriels, les chefs d'établissements, etc., en un

A reporter.. 676 50

Report...... 676 50

mot, par les intéressés; qu'une autre partie sera spontanément fournie par des personnes heureuses d'apporter à l'œuvre le résultat d'études spéciales et d'observations recueillies dans l'exercice de leurs diverses fonctions. Le reste de la rédaction pourra donc être largement payé. Et en fixant un prix moyen de 10 centimes pour toute la rédaction des lignes de la livraison, nous restons dans une latitude de rémunération suffisante. Soit 6,048 lignes, à 10 centimes, ci........ 604 80

BOIS. (GRAVURES, CARTES, PLANS.)

Paris municipal, dans les 6 feuilles composant chacune de ses livraisons, renfermera plusieurs bois, dont six au moins seront fournis aux frais de la propriété de l'œuvre. Les autres devront être payés par les intéressés sous forme d'annonces-réclames.

Le prix moyen d'un beau bois peut être fixé à 100 fr., soit pour les 6 feuilles............................. 600 »

ADMINISTRATION GÉNÉRALE.

1º Loyer...........................	40
2º Achat de livres et matériel de bureaux...	100
3º Frais de bureaux, de publicité, d'expéditions, de voitures, etc....................	100
4º Direction..	120
5º Secrétariat... { Administration........ / Exploitation.......... / Rédaction............ }	216
6º Rédacteurs au mois..................	144
7º Un comptable..	30
8º Deux garçons de bureaux.............	36

786 »

TOTAL GÉNÉRAL........ 2,667 30

Prix d'un tirage de la livraison, à 1,000 exemplaires, donnant 1,100.

Soit prix total des 100 livraisons composant l'ouvrage.. 266.730   »

Nota benè. — A cette somme, il convient d'ajouter
un chiffre net de 9,200 fr., comme prix de revient
de 200 exemplaires complets de notre ouvrage,
tiré sur beau papier vergé, et destinés au service
des souscripteurs extraordinaires. Ces 9,200 fr.
représentent seulement les frais de papier, tirage,
glaçage et brochage, les autres frais ayant déjà été
compris dans le tirage général.

Soit pour détail :

Papier vergé, chaque livraison de 600 feuilles
doubles, soit 1 rame 5 mains à 60 francs........ 75
   Tirage de 200 exemplaires................. 9
   Glaçage..................................... 2
   Papier de Chine pour les gravures........... 6
                                 92

Soit pour les 100 livraisons.................... 9.200   »

TOTAL.......... 275.930   »

§ 2.

Prix général d'un tirage à 2,000 ex., donnant 2,200.

En matière d'imprimerie et de librairie, lorsque l'on
connaît le prix général du tirage d'un ouvrage quelconque
à mille exemplaires, il est facile de connaître celui du second mille de tirage, celui du troisième, etc. : les prix
généraux ne variant guère qu'au delà d'un tirage à cinq
mille.

Notre 2ᵉ devis sera donc promptement établi.

En effet, la composition, les empreintes, les frais de
rédaction, les frais de gravures et les frais d'administration générale, qui ont été comptés pour le premier mille, ne

sont plus à mettre en compte pour le second. Il ne s'agit plus, par conséquent, que d'évaluer le revient du tirage, du papier, de la couverture et du brochage, lesquels ne varient pas en leur coût.

Soit donc :

Composition, empreintes, rédaction, gravures et administration, ci.....................	*Mémoire.*
Tirage, comme pour le premier devis, ci...	36
Papier, ci................................	225
Couvertures, ci..........................	26
Brochage, ci.............................	40
Total à ajouter au premier devis pour avoir le total du deuxième........	327

Donc, premier devis.....................	2.667	30
Supplément de dépenses à ajouter pour un tirage à 2,000 exemplaires complets.........	327	»
Total, ci.....................	2.994	30
Soit, pour 2,200 exemplaires complets......	299.430	»
Plus, pour les 200 exemplaires vergé......	9.200	»
Total........	308.630	»

§ 3.

Prix général d'un tirage à 4,000 ex., donnant 4,400.

Ce devis sera plus court encore que le précédent.

Aux 2.994 f. 30 représentant le prix d'un tirage à 2,000 exemplaires, soit.....................	2.994	30
Ajoutons pour supplément de dépense d'un tirage à 4,000.....................................	654	»
Nous aurons.....................	3.648	30
Soit pour 4,400 exemplaires complets.	364.830	»
Plus, les 200 exemplaires vergé.....	9.200	»
Total....	374.030	»

AU RÉSUMÉ :

1° 1,000 (1,100) exemplaires ordinaires et 200 sur papier vergé, ouvrage complet, coûteront......... 275.930 fr.

2° 2,000 (2,200) exemplaires ordinaires et 200 sur papier vergé, ouvrage complet, coûteront.................................... 308.63C »

3° 4,000 (4,400) exemplaires ordinaires et 200 sur papier vergé, ouvrage complet, coûteront.................................... 374.030 »

CHAPITRE III.

PRODUIT PROBABLE DE PARIS MUNICIPAL, AU POINT DE VUE : 1° DE LA VENTE EN LIBRAIRIE ; 2° DE L'EX-PLOITATION COMMERCIALE ET INDUSTRIELLE.

Le produit de l'opération se composera de deux éléments : 1° la vente des livraisons ; 2° le bénéfice résultant des an-nonces, réclames, insertions diverses.

Avant d'être appréciée dans son ensemble, l'opération doit donc être considérée successivement à deux points de vue : au point de vue d'une simple opération de librairie ; au point de vue d'une exploitation commerciale et indus-dustrielle.

§ 1er

Librairie.

. Quel est pour la vente le mode de tirage le plus avanta-geux ? est-ce 1,000, est-ce 2,000, est-ce 4,000 exemplaires ?

Il est évident que plus le chiffre du tirage serait restreint, moins il y aurait d'inconvénient à élever le prix de l'ouvrage, parce qu'on s'adresserait à une classe de lecteurs pour laquelle la question de dépense est indifférente.

Mais, d'une part, les fondateurs de l'œuvre manqueraient leur but en restreignant dans des limites trop étroites la publicité de leur livre et des idées que ce livre est destiné à propager, d'autre part ils feraient un mauvais calcul, parce que les frais généraux restant les mêmes, la dépense totale est plus considérable proportionnellement pour un tirage restreint que pour un tirage élevé.

Si, pour un ouvrage cher, il est plus facile de trouver mille souscripteurs que d'en trouver deux mille ou quatre mille, par contre, plus on réduit le prix d'un livre, plus on a de chances d'augmenter le nombre de souscripteurs ; cela sera surtout vrai pour *Paris municipal*, qui, comportant des souscriptions fractionnées par volumes, par tomes, par monographies spéciales et des ventes de livraisons, de fascicules et de demi-fascicules, se prête aux combinaisons d'exploitation les plus diverses.

D'ailleurs, rien ne nous empêche de combiner les avantages distincts attachés à chaque mode de publication. En même temps que nous offrirons au public riche, par voie de souscription à l'ouvrage entier, et moyennant un prix rémunérateur pour l'entreprise, des exemplaires de l'ouvrage tirés sur papier exceptionnel, et des exemplaires ordinaires, nous nous tiendrons à la portée des petites bourses par les conditions modérées de notre prix normal de vente, et par la facilité que nous donnerons au public d'acheter telle ou telle partie de l'ouvrage selon les goûts, les convenances ou les intérêts de chacun.

C'est en nous basant sur ces considérations que nous avons établi nos prix de vente comme suit :

Prix de l'ouvrage entier sur papier vergé .... 300 »

Prix de l'ouvrage entier sur papier ordinaire........ 144 »

Prix de chacun des 12 volumes.................... 12 »

Prix de chacun des 24 tomes   6   »

Prix de chacune des 100 livraisons. 1 50

Prix de chacun des fascicules de 8 pages. . . . .   » 25

Prix de chacun des demi-fascicules de 4 pages. . . . . .   » 15

1° Produit de la vente calculé sur un tirage de 1,000 exemplaires donnant 1,100 ; plus un tirage invariable de 200 sur papier vergé.

Nous estimons que nous aurons d'abord *par la souscription :*

1° 50 Souscripteurs pour des exemplaires sur papier vergé, à 300 francs net sans commission. 15.000

2° 100 souscripteurs pour des exemplaires semblables, mais avec réduction des frais de courtage à 30 0/0, ce qui porte le rendement de la souscription à 210 fr., net, ci. 21.000

3° 150 Souscripteurs pour des exemplaires sur papier ordinaire, à 144 francs net, sans commission, ci. 21.600

4° 500 Souscripteurs pour des exemplaires semblables, mais avec réduction des frais de courtage, à 30 0/0, ce qui porte le rendement de la souscription à 100 fr. 80 c., net, ci. 50.400

Nous avons ensuite approximativement *par la vente :*

450 exemplaires complets avec réduction des frais de courtage, remises et sur-remises évalués à 35 0/0, ce qui porte le rendement de l'exemplaire complet à 93 fr. 60., net, ci. 42.120

TOTAL GÉNÉRAL NET. 150.120

Nota benè. — Il resterait en magasin 50 exemplaires sur papier vergé, valeur pour. Mémoire.

Il ne nous resterait pas d'exemplaires ordinaires, car

nous avons naturellement pu supposer l'épuisement complet d'un aussi faible tirage.

C'est ce qui ne nous a pas permis de faire entrer en ligne de compte le système compensateur des ventes partielles que l'on verra fonctionner plus loin.

2° Produit de la vente calculé sur un tirage à 2,000 exemplaires donnant 2,200 ordinaires, plus les 200 sur papier vergé.

Nous avons d'abord, comme précédemment :

1° 50 Souscripteurs pour des exemplaires sur papier vergé, à 300 francs nets, sans commission, ci.............. 15.000

2° 100 Souscripteurs pour des exemplaires semblables, mais avec réduction des frais de courtage à 30 0/0, ci.. 21.000

3° 250 Souscripteurs pour des exemplaires sur papier blanc ordinaire, à 144 francs nets, sans courtage, ci.. 36,000

4° 750 Souscripteurs pour des exemplaires semblables, mais avec courtage à 30 0/0, ci.................. 75.600

Et cette fois *par la vente* en livraisons.

5° Exemplaires complets, avec courtage à 35 0/0, 450 livraisons à 93 fr. 60 c , ci...................... 42.120

6° 550 exemplaires subdivisés en trois parties pour la facilité de l'acheteur, comme il suit :

1. 550 parties complètes relatives spécialement à l'histoire générale de Paris, à 31 fr. 20 c. nets, courtage compris, ci 17.160

2. 550 parties complètes relatives aux divers arrondissements ou communes du département de la Seine, au même prix, ci.............. 17.160

3. 550 parties complètes relatives aux diverses monographies industrielles, au même prix, ci.. 17.160

TOTAL GÉNÉRAL........ 241.200

Nota benè. — Cette fois, il reste en magasin 50 exemplaires sur papier vergé, valeur pour mémoire, et 200 exemplaires sur papier ordinaire, devant être utilisés pour les échanges et le service des auteurs.

3° Produit de la vente calculé sur un tirage à 4,000 exemplaires donnant 4,400 ordinaires, plus les 200 sur papier vergé.

1° 50 Souscripteurs (édition papier vergé), comme précédemment, à 300 francs nets, ci................. 15.000

2° 100 Souscripteurs, avec courtage à 30 0/0, ci.... 21.000

3° 300 Souscripteurs (édition ordinaire), sans courtage, à 144 francs nets, ci........................... 43.200

4° 850 Souscripteurs avec courtage, comme précédemment, ci.. 85.680

5° Vente en livraisons de 1,500 exemplaires complets, avec courtage à 35 0/0, ci..................... 140.400

6° 1,500 exemplaires subdivisés en trois parties :

    1. 1,500 Histoire générale de Paris, à 31 f. 20 c. nets 46.800

    2. 1,500 Arrondissements ou communes, au même prix, net... 46.800

    3. 1,500 Monographies industrielles............. 46.800

TOTAL GÉNÉRAL NET.... 445.680

Nota benè. — Il reste cette fois, valeur pour mémoire, 50 exemplaires sur papier vergé, et 250 exemplaires sur papier blanc ordinaire.

AU RÉSUMÉ :

1° 1,000 (1,100) exemplaires ordinaires et 200
sur papier vergé se vendront.................. 150.120

2° 2,000 (2,200) exemplaires ordinaires et 200
sur papier vergé se vendront.................. 241.200

3° 4,000 (4,400) exemplaires ordinaires et 200
sur papier vergé se vendront.................. 445.680

§ 2.

Produit des Annonces, Réclames, Insertions diverses.

Annonces. — Chaque livraison et deux au moins des fascicules de chaque livraison, fascicules qui sont disposés de façon à pouvoir être détachés, auront des couvertures et des feuillets d'annonces.

Signalons ici en passant l'application d'un principe nouveau, le fractionnement de l'annonce et de l'intérêt attaché à ce mode de publicité par arrondissement et par quartier.

Couvertures des livraisons, annonces au verso seulement, 400 lignes.

Couvertures des fascicules, annonces au recto et au verso, 800 lignes.

Ensemble, 1,200 par livraison, et pour l'ouvrage complet 120.000 lignes, à 50 centimes, prix moyen,   60,000 fr.

Réclames et monographies industrielles. — L'ouvrage contiendra aussi des réclames sous forme attrayante, qui seront de véritables articles faisant corps avec l'ensemble de la rédaction.

Ces monographies industrielles, loin de constituer un élément de dépenses, constitueront un élément de recettes qui ne seront point sans importance.

A reporter..... 60.000 »

Report......... 60.000

L'exploitation en tirera parti de deux façons, soit en traitant à forfait avec les industriels et les commerçants pour leur insertion, soit en imposant à ces mêmes indus·· iels et commerçants, indépendamment de leur souscription à l'ouvrage entier ou à une partie de l'ouvrage, l'obligation de faire tirer un certain nombre d'exemplaires du fascicule de 4 ou 8 pages contenant l'article ou les articles acceptés par le conseil de rédaction. Les commerçants et les industriels fourniront eux-mêmes les gravures exécutées par les artistes de l'administration.

En raison d'une combinaison particulière à *Paris municipal*, chacune des monographies de quatre pages ne rapportera pas à l'entreprise moins de cinq cents francs, frais de courtage déduits, indépendamment des immenses avantages de divulgation qu'en tirera l'entreprise.

Chaque livraison contiendra au moins quatre monographies, soit rendement net par livraison 2,000 fr. et pour l'ouvrage complet............ 200.000

Droits de traduction. — Des traités peuvent être faits pour la traduction de *Paris municipal* en anglais, en allemand, en espagnol, en italien.

C'est une évaluation très modeste d'estimer la valeur de ces traités à un rendement net de.... 90.000

Clichés. — En outre, chaque traité rapportera en raison de la vente des clichés de gravures et cartes, environ.......................... 10.000

Ventes de cartes-plans des divers arrondissements ou quartiers de Paris, des cantons et communes de Sceaux et Saint-Denis. — La publication de ces cartes et plans, idée nouvelle,

A reporter........ 360.000

Report......... 360.000

soit au point de vue de la division topographique des circonscriptions urbaines et rurales, soit au point de vue des collections d'ensemble, ne saurait manquer de constituer un produit avantageux.

Livrées au public à 10 centimes l'exemplaire, ces cartes-plans comportent un débit en quelque sorte illimité et d'un intérêt permanent.

Chaque livraison renfermera, soit une carte de l'un des *quartiers* de Paris, — soit une carte de l'un de ses *arrondissements*, — soit une carte de l'un des *cantons* de Sceaux et St-Denis, — soit une carte de l'un des *arrondissements ruraux* du département de la Seine. La réunion de ces cartes-plans pourra former un *Atlas* d'au moins *cent* feuilles.

On peut donc estimer la vente probable à 20,000 exemplaires pendant le cours de la publi-cation, soit....................... 200.000

desquels il faut déduire pour frais de
fabrication et de courtage............ 120.000

Bénéfice net..... 80.000

TOTAL GÉNÉRAL, ci......... 440.000

Nota benè. — Ce chiffre étant calculé sur la base d'un tirage assez considérable pour rendre possible le dévelop-pement indiqué des annonces, n'aurait plus sa justification avec un tirage moins fort.

Aussi, dans le résumé qui va faire l'objet du chapitre suivant, nous estimerons le rendement des annonces dans la proportion du chiffre du tirage,

Nous n'admettrons le chiffre maximum du produit des annonces que pour le tirage à 4,000.

Pour un tirage à 2,000, nous n'en prendrons que la moi-tié, et le quart pour un tirage à 1,000.

CHAPITRE IV.

RÉSUMÉ GÉNÉRAL DE L'OPÉRATION.

Pour le tirage à 1,000 exemplaires ordinaires et les 200 sur papier vergé :

Fabrication 275.930

Produit de la vente en librairie. 150.120
Produit de l'exploitation industrielle. 110.000
soit le quart du rendement total.

         PRODUIT TOTAL. 260.120

         PERTE SÈCHE. 15.810

Pour le tirage à 2,000 exemplaires et les 200 vergé :

Fabrication 308.630
Produit de la vente en librairie. 241.200
Produit de l'exploitation industrielle. 220.000
soit la moitié du rendement total.

         PRODUIT TOTAL. 461.200

         BÉNÉFICE NET. 152.570

Pour le tirage à 4,000 ordinaires et 200 vergé :

Fabrication. 374.030
Produit de la vente en librairie. 445.680
Produit de l'exploitation industrielle. 440.000
rendement complet.

         PRODUIT TOTAL. 885.680

         BÉNÉFICE NET. 511.650

CONCLUSION

Quelle est la conclusion à tirer du travail approfondi auquel nous nous sommes livré ?

Elle est bien claire, et elle s'impose avec l'autorité de l'évidence. C'est que des trois combinaisons étudiées, la plus avantageuse est celle d'une publication basée sur un tirage à 4,000 exemplaires.

C'est celle qui répond le mieux à la pensée des fondateurs. C'est celle qui donne la plus grande probabilité de bénéfice, soit au point de vue de la vente en librairie, soit au point de vue de l'exploitation commerciale et industrielle.

Tiré et vendu à 4,000 exemplaires, *Paris municipal* donne, par l'excédant de la recette en librairie, sur les dépenses de fabrication, un bénéfice net de 71,650 francs.

L'opération présenterait donc déjà un avantage par cet unique élément, et, en raison de l'intérêt politique et social qui s'attache à une publication de cette nature, elle vaudrait la peine d'être entreprise ; mais cet élément n'est pas le seul et, en le combinant avec un autre, avec le produit des annonces, réclames, insertions diverses, nous obtenons un résultat général de 511,650 francs.

Quel est le capital nécessaire pour mener à bien une pareille entreprise ? Les hommes les plus compétents, consultés, s'accordent à reconnaître qu'une avance de 150,000 francs, sera largement suffisante.

Comparons ce chiffre, avec celui de 511;650 francs, représentant le bénéfice probable de l'opération, et nous verrons que la différence suffit à faire une part rémunératrice au capital, à la propriété de l'idée et aux premiers souscripteurs.

Nous n'avons d'ailleurs fait entrer dans nos calculs, que le produit d'une première édition. Il est bien clair, cependant, que pour une œuvre de ce genre, la première édition épuisée, l'intérêt que l'ouvrage aura excité, permettra d'en faire une ou plusieurs autres, dont, grâce à la conservation des empreintes, les bénéfices ne sont ni difficiles à prévoir, ni difficiles à calculer.

Une fois en règle avec l'histoire et avec la statistique du passé par l'encyclopédie que nous préparons en ce moment, *Paris Municipal*, se renouvelant chaque année dans une publication plus restreinte, et ne reproduisant plus que les faits contemporains, sera d'autant mieux assuré du succès, qu'il se sera créé un public par l'intérêt des questions soulevées, et que ce public lui restera fidèle.

Paris, 22 octobre 1872.

ex-commandant élu du 74ᵉ bataillon des Gardes Nationales de la Seine, en 1870, durant le siège de Paris par les Allemands.

2550 — Paris. — Assoc. génér. typogr., Faub.-Saint-Denis, 19
Rodière et Cᵉ.